AF581820

LA VÉRITÉ

SUR LE

CRÉDIT COMMUNAL

MÉMOIRE JUSTIFICATIF

Vitam impendere vero.
JUVENAL.

PARIS
IMPRIMERIE DE CHARLES SCHILLER
FAUBOURG MONTMARTRE, 10

1873

LA VÉRITÉ

SUR LE CRÉDIT COMMUNAL

J'ai été trop violemment attaqué par quelques-uns pour qu'il ne me soit pas permis de me défendre. Il me paraît utile de présenter les faits concernant la Société du Crédit Communal sous leur véritable jour. Dans l'instruction de cette affaire, de nombreuses personnalités ont été écartées; il convient de les rétablir. Il importe, en effet, de donner à chacun sa part de responsabilité.

En ce qui me concerne, je le déclare tout d'abord, je ne cherche pas et ne chercherai jamais à abriter ma responsabilité personnelle derrière un nom quelconque ou l'être collectif qu'on appelle conseil d'administration. Je ne me préoccupe que d'une chose, une seule : dire la vérité.

Je ne saurais, du reste, oublier la devise de ma famille : *Vitam impendere vero*. Je n'y ai pas failli jusqu'à ce jour, et ce n'est pas une condamnation, quelle qu'elle soit, qui me fera changer de ligne de conduite ; car au-dessus de ma liberté je place mon honneur, et c'est pour lui que je prends la plume aujourd'hui.

Création du Crédit Communal.

Dans le courant d'août 1869, après de nombreuses luttes, des travaux multiples et de grands chagrins, j'étais presque décidé à partir pour l'étranger où une très brillante situation m'était offerte (25,000 fr. d'appointements fixes sans parler d'autres avantages), quand je rencontrai le sieur Destrez, que j'avais connu, deux ans avant, à propos d'une création de bateaux transocéaniques, destinés à faire le service direct de Paris à New-York. Il me demanda ce que je faisais, me parla de son projet de Société et, dès le premier jour, m'engagea à renoncer à mes idées de voyage pour me consacrer au Crédit Communal où une belle position me serait faite.

Cette création du Crédit Communal m'avait déjà travaillé l'esprit. J'avais entrevu depuis longtemps la possibilité de constituer, à côté du Crédit Foncier de France (qui ne peut vivre que par un privilége, en dehors du droit commun), une Société pouvant faire elle-même des prêts aux communes, mais faisant surtout des entreprises communales, telles que chemins d'intérêt local, canaux, irrigations, dessèchements, reboisements, constructions diverses, etc.

Il y avait là un vaste champ à exploiter d'une façon fructueuse pour une Société qui aurait en outre doublé la fortune de la France. C'était le seul sérieux, le seul possible au début. On ne devait pas songer, dès le principe, à prêter de l'argent aux communes, pour deux raisons sérieuses qui ont paru échapper à tout le monde :

1° C'est qu'on ne devait pas aliéner le capital-actions qui était le premier gage des obligataires, et que tous les efforts des administrateurs devaient tendre à reconstituer ce capital social qui avait servi à la création du Crédit Communal et aux frais de premier établissement;

2° C'est qu'on ne peut sérieusement, à moins de vouloir tuer une Société financière, prêter aux communes, à 5 0/0, l'argent du capital social sur lequel il faut payer aux actionnaires 5 0/0 d'intérêts.

Pour faire des prêts aux communes, avec la législation française actuelle, il faut évidemment trouver un moyen économique qui est celui des obligations 3 ou 5 0/0 à lots émises par une Société étrangère.

La loi suisse, qui a beaucoup d'analogie avec la loi française, est cependant plus commode pour la constitution d'une Société financière. Elle n'exige, en effet, que la souscription de la moitié du capital social et le versement du quart de ce capital (art. 7 des statuts).

Pour l'affaire qui nous concerne, il fallait donc, pour un capital de 25,000,000 de fr., une souscription de 12,500,000 fr. et un versement de 3,125,000 fr.

Or, quand, quelques jours après notre première entrevue, le sieur Destrez sollicita à nouveau mon concours pour la formation du conseil d'administration, je lui répondis que je ne demandais pas mieux de l'aider dans cette création, mais à certaines conditions. Destrez m'interrompit pour me dire : « Je vous offre 20 0/0 sur ma part » de fondateur, et de plus je vous autorise à offrir à chaque » administrateur 350 actions libérées, dont 100 nominatives.

» — Soit, lui dis-je, mais vous ne répondez pas à ma » préoccupation qui est celle de la souscription publique » et de l'assurance du capital social.

» — Soyez sans inquiétude à cet égard, ajouta Destrez, » J'ai *tout mon capital souscrit d'avance* et *mon traité dans ma poche*. »

Ceci se passait en présence d'un tiers qui a joué un grand rôle à la formation du Crédit Communal, je veux parler de M. Delavault, alors rédacteur financier à la *Revue agri-*

cole. M. Delavault me confirma l'assertion de Destrez et ajouta qu'il était le trait d'union entre le futur directeur général du Crédit Communal et le capitaliste, ou le capital.

J'insistai.... Alors, M. Destrez, toujours en présence de M. Delavault, me montra son traité en vertu duquel M. Paulin Caperon, chef du bureau d'émission du Crédit Foncier Suisse, s'engageait à souscrire le capital-actions du Crédit Communal de France, moyennant une commission de 25 fr. par titre. Ce traité, signé par Destrez d'une part, par Paulin Caperon d'autre part, était contresigné par M. Poujard'hieu, administrateur délégué, et M. Fornerod gouverneur du Crédit Foncier Suisse.

Ce traité ferme devait avoir son exécution dans le courant d'octobre, immédiatement après la souscription publique. Or, cette souscription ne devait être publique que pour répondre aux exigences de la loi suisse; mais, en fait, elle était inutile puisque tout le capital était souscrit.

Souscription publique.

Quoi qu'il en soit, le troisième jour de la souscription, M. Caperon donna l'ordre à Drestrez de fermer les guichets. Il avait fait une grande publicité pour attirer l'attention des communes, tant en France qu'en Suisse, mais il n'était entré en négociations avec aucun banquier de Genève, de Paris, ou de province. Cette manière d'agir rentrait dans ses vues personnelles.

Pendant les trois jours d'émission publique sept mille actions furent souscrites par divers actionnaires, principalement par MM. Berthier frères, banquiers au Havre, à Nantes et à Angers. Le stock restant, soit 43,000 actions, fut remis à Paulin Caperon, en exécution de son traité le jour même de la réception des titres définitifs.

Dépôt légal chez Me Wessel, notaire à Genève.

En exécution de la loi suisse, Destrez, fondateur du Crédit Communal, ayant seul qualité pour agir, prépara la liste des souscripteurs qu'il envoya par un de ses employés, M. Leignadier, pour être déposée chez Me Wessel, notaire à Genève. Le choix de M. Leignadier lui semblait commandé par un sentiment très louable de reconnaissance, le beau-père de ce dernier lui ayant prêté précédemment 18 ou 20,000 francs.

Siége social.

Un autre employé du sieur Destrez, M. Tardent, était parti préalablement pour Genève afin d'y choisir un local et de préparer l'installation du siége social du Crédit Communal.

Un premier local provisoire fut choisi et loué rue de la Corraterie. Trois mois plus tard, le siége social était transféré place du Port, n° 2, dans le plus beau quartier de la ville et le plus central. Ce siége social était-il fictif comme on l'a affirmé? assurément non. Sans entrer dans un détail inutile, qu'il me suffise de répondre qu'il était composé de sept pièces très convenablement meublées, et qu'un représentant de la Société, désigné par M. Caperon lui-même, s'y était installé.

Assemblée constitutive, nomination du conseil.

Toutes les formalités légales étant accomplies par le fondateur, l'assemblée constitutive du Crédit Communal fut, par lui, annoncée pour le 8 décembre 1869 à la chambre de commerce de Genève, où elle eut lieu en effet.

La séance était présidée par M. le duc de Bellune. C'est lui qui donne lecture du programme du Crédit Communal; c'est lui qui fait connaître les statuts; c'est lui qui, le premier, fait acte d'autorité administrative en affirmant que la souscription est complète, que la liste des souscripteurs a été déposée par le sieur Destrez fondateur, que tout est régulier, tout conforme à la loi, et qu'en conséquence il y a lieu de procéder à la nomination du conseil d'administration.

C'est alors que M. le duc de Bellune est nommé président du conseil; M. le général Uhrich, vice-président: MM. du Maisniel, Mercier, de Mutrécy et Destrez, administrateurs, avec faculté de se compléter par l'adjonction de plusieurs administrateurs. Je dois faire observer que le 9 décembre M. le comte du Maisniel envoyait sa démission à M. Destrez.

Ce sont les actionnaires présents qui nomment encore aux fonctions de directeur général et de secrétaire général avec traitements déterminés. Et parmi les actionnaires présents se trouvent MM. Berthier frères, banquiers, l'un au Havre, l'autre à Nantes, le troisième à Angers; ces messieurs, actionnaires, représentant plus de trois cents actionnaires, leurs clients.

Examen des faits concernant la constitution de la Société.

Voilà, en quelques mots rapides, l'historique de l'origine du Crédit communal et les hommes qui y ont pris part, soit à la fondation, soit après sa création, c'est-à-dire après le 8 décembre 1869.

Examinons la part que chacun d'eux y a prise et les charges qu'on fait peser sur moi.

Jusqu'au 8 décembre 1869, il n'y a pas de conseil: il n'y a pas de secrétaire général, pas plus que de directeur général. Il n'y a que Destrez, seul fondateur du Crédit communal, traitant avec Paulin Caperon, par l'entremise de M. Delavault.

Ce traité était-il valable? Sans aucun doute, puisque chacun avait qualité pour contracter et signer. En effet, la signature de Paulin Caperon est approuvée par celle de M. Poujard'hieu, administrateur délégué, et par celle du gouverneur lui-même du Crédit foncier suisse, M. Fornerod, ex-président de la Confédération suisse.

Les hommes qui ont passé ce traité avec Destrez avaient-ils une surface suffisante pour le rendre sérieux? Assurément. En 1869, la situation financière du Crédit foncier suisse était excellente. Les titres de cette Société étaient à cette époque très en faveur près du public.

La garantie de 3,125,000 francs, représentée par la souscription du Crédit foncier suisse, n'était donc pas illusoire.

Et Paulin Caperon, quelle était sa fortune personnelle? Huit à dix millions en valeurs diverses : rentes française, anglaise, italienne, américaine, espagnole; obligations de toutes sortes. Plusieurs caisses Fichet du plus grand modèle et plusieurs armoires doublées en fer, tenant toute la hauteur et la largeur de son cabinet ne pouvaient suffire à contenir ses richesses qu'il se plaisait quelquefois à montrer par ostentation. De plus, il avait fait bâtir au Vésinet une maison de campagne qu'il avait entourée d'un parc spacieux. Près de Bordeaux, il avait acheté une grande propriété, contenant château, terres, vignes, bois, etc. En un mot, c'était un gros propriétaire, un riche capitaliste, un financier fort habile et, de plus, un publiciste fort apprécié par des hommes haut placés.

De ce côté encore, les 3,125,000 francs de versement étaient plus que garantis.

Dans l'esprit de tous les administrateurs le capital social était non-seulement souscrit ferme, mais aussi de la façon la plus sérieuse.

Or, pour remplir les conditions légales imposées à toutes Sociétés anonymes dans le canton de Genève, combien faut-il d'actionnaires ? Sept. Retenez bien ce chiffre ; il est bien modeste, n'est-ce pas ?

Eh bien ! dans toute sa modestie, il met à néant bien des critiques.

Aussi, Messieurs les juges du Tribunal de Genève, qui sont des légistes très rigoureux, n'ont pas hésité, lors du procès intenté en Suisse, à reconnaitre dans leurs considérants que la Société du Crédit Communal était régulièrement constituée (*Audience du 16 mai* 1872.)

Liste de souscription.

Ainsi, avec le traité de Caperon, il n'y avait besoin que de sept souscripteurs pour constituer régulièrement la Société.

Au lieu de déposer purement et simplement la liste de souscription telle quelle, pourquoi Destrez voulut-il ajouter quelques noms fictifs ? On ne peut expliquer une telle aberration que par une sotte vanité d'avoir une liste de nombreux actionnaires qui ne servait à rien puisqu'il n'en avait nul besoin. Aucune publicité n'était donnée à cette liste. Par suite, les quelques noms fictifs qui y figurent ne pouvaient exercer aucune influence sur les souscripteurs véritables.

Quoi qu'il en soit, en quoi puis-je être atteint par cette aberration du fondateur ? Avais-je qualité pour recevoir la liste des souscripteurs, pour la faire et la déposer ? Non. L'ai-je reçue ? l'ai-je faite ? l'ai-je déposée ? Non.

Dans son factum publié dans l'*Assemblée nationale*, Destrez dit au sujet de la déclaration de souscription faite par lui à Genève :

« Qu'en ma qualité de secrétaire général, je fus chargé

» du soin de dresser la liste de souscription et que je
» m'entendis avec M. Caperon. »

Je lui donne un démenti formel.

Que le sieur Destrez se soit entendu avec Caperon pour la formation de la liste et de son dépôt? C'est possible, je n'en sais rien. Mais ce que j'affirme, c'est que je n'ai pas vu Paulin Caperon pendant le moment de la souscription et que je n'ai eu aucune conférence avec lui à ce sujet. J'ajoute que Destrez a toujours repoussé toute intervention officieuse avec Caperon au sujet de la souscription. J'en appelle au souvenir de M. Narjot de Toucy et de M. de Constantin, qui se sont retirés quelques jours après leur venue.

La date du dépôt fait par Destrez chez Me Wessel, notaire, est du 21 novembre, ainsi que le constate la pièce authentique, et ma nomination de secrétaire général ne date que du 8 décembre.

Voilà des faits qui ont leur éloquence.

Malgré cela, on veut me rendre responsable d'un fait personnel au fondateur. C'est au moins étrange.

Et le président du Conseil, M. le duc de Bellune, qui le premier fait acte d'autorité administrative, qu'en fait-on? le poursuit-on? Est-il prévenu?

Je ne le dénonce pas, Dieu m'en garde! ni lui, ni les autres administrateurs. Mais pourquoi cette partialité à mon égard. Nous verrons plus loin, par des faits irrécusables, si elle est motivée.

Compétence.

Mais tout d'abord j'ai le droit de dire que le Tribunal français n'avait pas qualité ni compétence pour juger la constitution du Crédit Communal puisque :

Le siége social était et est encore à Genève (art. 3 des statuts); puisque le dépôt des statuts, de la liste des souscripteurs et de toutes les pièces légales a eu lieu à Genève; puisque l'assemblée constitutive et toutes les assemblées générales ordinaires et extraordinaires ont eu lieu à Genève; puisque le payement de l'impôt et du timbre a eu lieu à Genève; puisque les différends entre actionnaires ont été plaidés à Genève.

Actions libérées données à divers.

Cela dit, poursuivons les faits incriminés.

Le capital-actions était complètement souscrit. L'apport du fondateur, spécifié dans les statuts, avait été approuvé par l'assemblée constitutive.

« Art. 24 des statuts. — Pour indemniser le fondateur » du Crédit Communal de France, il lui est alloué trois » pour cent sur le capital qui sera souscrit. Le fondateur » se réserve le droit de souscrire au pair, en représen- » tation de ces trois pour cent, telle quantité d'actions » qu'il jugera utile. »

Destrez avait donc le droit de disposer de sa part de fondateur.

C'est ainsi que M. le duc de Bellune, M. le général Uhrich, M. Mercier reçurent chacun 350 actions dont 100 nominatives; c'est ainsi que M. Delavault reçut 2,000 actions; c'est ainsi que je reçus moi-même le même nombre d'actions. Je n'avais ni à dissimuler ni à publier cet acte parfaitement légal dont je parlai du reste à plusieurs de mes amis dès l'origine. Je ne suis nullement embarrassé à reconnaître ce qui est la vérité.

Au surplus, il n'est pas une Société constituée sans apport ou part bénéficiaire; il n'est pas une Société anonyme où les premiers administrateurs n'aient pas reçu des avantages particuliers.

Au sujet du conseil d'administration, le sieur Destrez dit: « La nomination de M. Mercier devait donner lieu

» plus tard à un triste débat entre lui et M. le baron de » Vaux, qui l'avait présenté. M. de Mutrécy, leur ami » commun, montra beaucoup de zèle dans cette circons» tance et parvint à concilier et régler leurs rapports » d'intérêts. »

C'est parfaitement inexact comme tout ce qu'avance l'ex-directeur.

M. Mercier n'était pas mon ami. Je n'avais pas l'honneur de le connaitre avant sa présentation par M. le baron de Vaux. Je restai complètement étranger à leurs stipulations ou conventions particulières, et ne voulus pas en entendre parler. Je sus seulement que M. de Vaux avait imposé à son ami Mercier la remise de 83 actions sur les 250 que le fondateur avait mises à sa disposition, et c'est moi qui fus chargé d'opérer officieusement cette remise d'actions par voie de reçu.

Plus tard, pour remplacer M. Paul Cère et M. Mercier, démissionnaires, M. le baron de Vaux et M. le commandant Delaunoy reçurent du fondateur chacun 100 actions nominatives, déposées pour la garantie de leur gestion.

Plus tard encore, MM. Genteur, Albert Huet, de Plassman, baron Ezpeleta et baron Tharreau, reçurent leurs actions d'administrateurs. Mais cette fois ce fut M. Le Pelletier qui les versa pour eux.

Rapport présenté à l'assemblée constitutive.

Le sieur Destrez, toujours dans l'espoir de dégager sa responsabilité, affirme que ce n'est pas lui qui a rédigé le rapport présenté à l'assemblée constitutive, que c'est M. de Bellune qui en est l'auteur, et, comme preuve, qu'il a la minute écrite de la main du président du conseil.

Je n'ai pas à défendre M. de Bellune, mais je crois pouvoir affirmer qu'il n'a rédigé, en totalité ou en partie, ce rapport que sur des notes de Destrez. Ces notes, je les ai vues, je les ai lues.

Donc, encore une assertion mensongère!

Confection des statuts.

M. Caperon était absent lors de la confection des statuts, mais il revint à Paris assez à temps pour les approuver, après plusieurs modifications dont la plus importante avait trait aux prérogatives du directeur général.

Le sieur Destrez voulait être le *maître absolu, sans contrôle*, et ne considérait le conseil d'administration que comme un *rouage embarrassant, imposé par la loi.* Paulin Caperon l'approuvait fort; il avait de bonnes raisons pour cela.

Aussi, d'un *commun accord,* ils envoyèrent à l'imprimerie les statuts dont j'ai conservé toutes les épreuves.

La première épreuve porte (page 10, art. 31): « Le » directeur général fait tous dépôts ou retraits de fonds » dans les caisses publiques, etc. »

Après une discussion très vive, à laquelle prirent part M. Narjot de Toucy, M. de Constantin, M. de Bellune et moi-même, le fondateur de la Société fut obligé de modifier ainsi sa première rédaction :

« Le directeur général fait tous dépôts ou retraits de » fonds dans les caisses publiques, mais il ne peut opérer » de retraits qu'après décision du conseil et avec la signa- » ture d'un administrateur délégué ou du président du » conseil... » (2e épreuve, page 10 art. 31).

Contraints et forcés, MM. Caperon et Destrez acceptèrent cette rédaction, mais en se promettant de l'éluder. Plus tard, en effet, à l'assemblée générale du 11 juin 1870, le premier soin de Caperon, d'accord avec Destrez, et à l'instigation de ce dernier sans doute, fut de faire modifier cet article dans le sens primitif de la première épreuve.

Omnipotence de Destrez.

De telle sorte qu'à partir du 11 juin 1870, Destrez devint *statutairement omnipotent* et le rôle du conseil d'aministration complétement annihilé.

Si je relate ces faits, qui ont leur importance au point de vue de la responsabilité personnelle, c'est pour rétablir la vérité, encore une fois altérée par le fondateur de la Société qui s'écrie, avec l'accent simulé de la vérité : « Plût » à Dieu que je n'eusse jamais abandonné mes droits! » J'aurais, en effet, été omnipotent dans le Crédit Com- » munal; à partir de ce moment, je n'étais plus qu'un ad- » ministrateur ordinaire avec le pouvoir ordinaire d'un » directeur général. »

Mais c'est faux, cent fois faux!

Tous les actes le prouvent surabondamment! C'est ainsi, qu'usant d'un pouvoir discrétionnaire et abusif, il reçoit directement des mains de Caperon des sommes considérables qu'il ne verse pas dans la caisse sociale.

C'est ainsi que plus tard, à l'*insu du conseil*, Destrez se fait remettre par le caissier un certain nombre d'obligations 3 0/0 qu'il vend à vil prix pour payer des différences de bourses.

C'est ainsi que Destrez refuse constamment de remettre au conseil le compte Caperon qu'il ne peut obtenir, dit-il.

C'est ainsi encore qu'il élude les ordres du conseil qui, maintes fois, le met en demeure de poursuivre Paulin Caperon.

Mais tous ces faits sont officiels, prouvés, inscrits au registre des délibérations dont j'ai copie. Il faut, en vérité, que Destrez perde la tête pour avoir l'audace d'avancer de tels faits.

Traité pour la confection des obligations.

Il est parfaitement exact que Paulin Caperon se soit occupé du traité relatif à la confection des obligations du Crédit Communal, mais non pas d'une façon aussi exclusive que l'ex-directeur général l'affirme.

Je tiens de M. Guyot, imprimeur à Bruxelles, commerçant notable de la plus haute honorabilité, que le traité relatif à la confection des titres a été passé dans le cabinet de Paulin Caperon, alors rue du Quatre-Septembre, n° 6, en présence de M. Destrez, directeur général du Crédit Communal, et de M. Clément, représentant de la maison Guyot, à Paris.

Ce traité a-t-il été signé par Destrez? Cela n'est pas douteux.

Mais ce que semble ignorer Destrez (il est si naïf!), c'est la tentative d'escroquerie faite par Paulin Caperon qui, dès l'origine, demande à Clément de lui fournir deux mémoires: l'un vrai, pour lui (celui de Guyot, imprimeur à Bruxelles), l'autre faux, augmenté de 180,000, signé par Clément et destiné au conseil de la Société.

Tentative d'escroquerie de 180.000 fr.

C'est en 1871, peu de temps après la Commune, que M. Clément se présente au Crédit Communal pour demander de l'argent. C'est moi qui le reçois, qui lui manifeste mon étonnement de sa demande, le croyant soldé, qui discute le prix des titres; c'est moi qui le presse, le menace, et qui enfin obtiens de cet imprimeur l'aveu d'un écart de 180,000 fr. sur son mémoire.

Je quitte M. Clément pour faire ma déclaration au président du conseil, puis au directeur général. Je saisis le conseil de l'affaire. A l'unanimité, le conseil décide de poursuivre Paulin Caperon.

Que fait Destrez? Rien

Le conseil revient à la charge plusieurs fois sur cette affaire et presse vivement le directeur.

Que fait-il? Rien.

Plus tard, après la démission de Destrez, je suis chargé par le nouveau conseil de faire un rapport sur le compte Clément-Guyot relatif à la confection des obligations. Je prouve que M. Clément a reçu plus qu'il ne lui est dû; que son mémoire renferme des erreurs nombreuses, entre autres 20,000 fr. de reliures qui n'ont pas été faites, et qu'il y a lieu de réduire son mémoire de 80,000 fr. environ.

Savez-vous ce que faisait Destrez la *veille* de sa démission?

Tentative d'escroquerie de 60,000 fr.

Il souscrivait au dit sieur Clément *soixante mille francs de valeurs* en qualité de directeur général et en antidatant les valeurs.

Avait-il le droit de signer un effet comme directeur de la Société? Non.

La Société devait-elle cette somme de soixante mille francs au sieur Clément? Non.

Destrez pouvait-il avoir oublié la tentative d'escroquerie de 180,000 fr. à laquelle Clément s'était prêté vis-à-vis de Caperon? Non.

Ce qui est certain, c'est que dans les derniers jours de sa direction, le sieur Destrez a dû subir la volonté impérieuse de Clément qui le menaçait à haute voix devant les garçons de bureau de la Société.

Pourquoi donc cette pression? Pourquoi donc ces menaces?

Et voilà l'homme qui se plaint de n'avoir pas été autoritaire !....

Annonce de la souscription à la quatrième page du Journal officiel.

Au sujet de l'annonce du Crédit Communal publiée à la quatrième page du *Journal officiel* en 1869, j'ai été accusé non-seulement d'avoir traité directement cette affaire avec M. Clément Duvernois, mais encore de lui avoir remis pour ce fait une somme de trente mille francs en présence de diverses personnes réunies dans un restaurant du boulevard.

Cette accusation résulte, à ce qu'il parait, d'une note de police !.....

Je voudrais bien connaître cet agent anonyme qui gagne ainsi l'argent de l'administration en faisant de faux rapports. Je ne lui ferais pas de compliments sur sa perspicacité.

A l'accusation qui a été formulée je me contente de répondre :

Il n'est pas vrai que j'aie été chargé par Destrez de m'occuper de la question d'annonce et d'affichage concernant la constitution du Crédit Communal ; il n'est pas vrai que je m'en sois occupé avec qui que ce soit ;

Je n'ai jamais déjeûné avec M. Clément Duvernois, je ne lui ai jamais remis trente mille francs directement ou indirectement. Je n'ai pas l'honneur de le connaître ; *je ne l'ai jamais vu.*

Liste de journaux. — Remises diverses.

Pour faire supposer que j'avais traité la question d'annonces qui a précédé la constitution de la Société, on a déposé entre les mains du juge d'instruction une liste de journaux écrite de ma main, et on a ajouté que je devais recevoir des remises sur toutes les annonces ainsi que sur toutes les fournitures.

Je ne croyais pas avoir à me défendre de ces infamies. Ceux qui me les ont ainsi gratuitement attribuées m'ont sans doute cru capable de faire ce qu'ils font assurément eux-mêmes. Cette liste de journaux faite par moi en 1870, longtemps après la constitution, n'a été rédigée qu'en vue des assemblées générales qu'il fallait annoncer. J'avais, en effet, tout le service de la presse dans mes attributions. J'ai mis dans ce service toute l'économie possible, et pour éviter des réclamations comme celles qui ont été formulées par un seul journal, le *Moniteur des Fonds publics*, j'ai toujours traité à forfait avec tous.

Je défie qui que ce soit de la presse politique ou financière d'affirmer que j'aie accepté la moindre remise. J'aurais mis à la porte celui qui m'aurait fait une telle proposition.

Ce que je dis au sujet de la presse ou des annonces, je le réitère au sujet de tous les fournisseurs de la Société, imprimeurs, papetiers, tapissier ou autres.

Dans tous mes rapports avec eux, je n'ai jamais cherché qu'à défendre les intérêts sociaux qui m'étaient confiés.

Payement de dividendes fictifs.

On me reproche (toujours à moi seul) d'avoir distribué des dividendes fictifs. Cela n'est pas.

Après la guerre et la Commune, les actionnaires se présentèrent en grand nombre au siège administratif pour demander le payement des intérêts échus. Il n'y avait pas eu de réalisation de bénéfices, il n'y avait donc aucun payement à faire. Mais tous criaient misère et revenaient pour demander le payement des coupons.

En présence d'une situation douloureuse et tout exceptionnelle, j'ouvris une enquête, recueillis tous les dires et présentai au conseil un état de tous les actionnaires réclamant les intérêts échus de leurs titres.

Le conseil, poussé par une pensée d'humanité et cédant aux vœux unanimes (moins un) exprimés, décida, dans la séance du 5 août 1871, le payement des coupons arriérés et chargea le directeur de l'exécution de cette mesure, ce qu'il fit d'une façon déplorable pour la Société.

C'est au sujet de cette mesure que Destrez me pria de remettre un certain nombre d'actions à M. Delavault et à son frère Ernest Destrez, *sans reçu*, en garantie des avances que ces messieurs faisaient à la Société. Je refusai, et comme le directeur insistait, je remis les clefs de la caisse des titres que j'avais eue sous ma garde pendant tout le temps de la guerre et de la Commune, alors que tous les administrateurs s'étaient empressés de quitter Paris.

Par ce qui précède, ce n'est pas un dividende fictif qui a été payé le 11 août 1871 aux actionnaires, et il n'a été payé que sur *la décision de tous les membres du conseil*.

Crédit Communal considéré comme entreprise chimérique.

Après avoir discuté les principes constitutifs de la Société on arrive à considérer le Crédit Communal comme une entreprise purement chimérique, et, par suite, toutes les émissions d'actions ou d'obligations comme autant d'escroqueries à la charge de Destrez, Caperon et Le Pelletier, dont je suis le complice.

Il faudrait un volume pour réfuter tous les points de la prévention. Je me bornerai à citer des faits puisés dans le registres des délibérations.

Le 23 mars 1870, le conseil, après avoir étudié longuement l'affaire des abattoirs de Neuilly, Puteaux et Courbevoie, avec un architecte de Paris, puis après de nombreuses conférences avec les maires de ces trois communes, décide de faire le versement du cautionnement fixé à 160,000 francs et de poursuivre énergiquement la demande de concession soumise à l'administration du département de la Seine.

Ce n'est que par suite du mauvais vouloir du maire de l'une des communes précitées que l'affaire est rompue.

Le 8 avril, après des études préalables, le conseil décide de formuler la demande en concession des lignes suivantes :

Périgueux à Dax par Marmande ;
Rethel à Bussigny par Vervins ;
Rethel à Laon par Saint-Ermes (1) ;
Rethel à Rocroi ;
Vitrey à Neufchâteau et Mirecourt par Bourbonne.

Le 28 mai, après une demande formulée par le conseil d'arrondissement de Senlis, le conseil d'administration décide l'étude du chemin de fer de Pont-Sainte-Maxence à Survilliers par Senlis ; puis celui de Dammartin à Provins par Meaux.

Dans une autre séance, sur ma proposition, on charge M. Darcy, architecte attaché au service des monuments historiques de faire une étude complète (dessins et devis) de tous les travaux concernant les édifices communaux, basés sur un chiffre de population. C'est ainsi que nous préparions l'avenir en étudiant maisons d'école, églises, presbytères, mairies, lavoirs, abattoirs, usines à gaz, etc.

Après le 26 août 1870, les séances du conseil sont sus-

---

(1) En outre, il y a eu un grand nombre d'autres lignes étudiées, dont le directeur s'est occupé directement ; mais parmi celles spécifiées, il convient de dire que la ligne de Rethel à Laon par Saint-Ermes a été concédée avec les études appartenant au Crédit Communal, achetées à M. Poulain, entrepreneur à Reims, et par l'entremise de ce dernier. C'est M. Destrez qui a manigancé cette opération.

pendues forcément par la guerre et le départ de tous les administrateurs ; elles sont reprises le 3 août 1871.

Alors naissent les difficultés suscitées par Caperon qui ne veut pas solder son compte, qui veut tout renverser pour s'emparer du Crédit Communal et qui, dans cet espoir, fait intenter un procès aux administrateurs par les hommes de son choix : Mayer, Robert et Cie.

Malgré tous ces embarras, le conseil étudie et termine successivement un certain nombre d'affaires, entre autres l'achat des brevets d'invention Mildé, pour les horloges électriques. Il y a plus de dix mille communes qui en manquent, il y a plus de cent mille établissements privés qui pourraient acheter ce nouveau système à cause de la modicité de son prix. Il y a là une grande affaire en germe, de gros bénéfices à réaliser.

Les hommes les plus compétents en France et en Angleterre ont fait des rapports favorables. Il n'y a plus qu'un pas à faire. Mais les ennemis coalisés contre le Crédit Communal, Caperon et autres, ne veulent pas qu'il se fasse et tout va à la débandade. Mais toutes ces luttes ne prouvent pas que le Crédit Communal était une « institution purement chimérique. »

Un autre reproche formulé :

« Vous créez le Crédit Communal pour faire des prêts » aux communes et vous n'en faites pas ; vous manquez à » votre mandat et à vos statuts. Cependant, un certain » nombre de communes se sont adressées à vous. Pour- » quoi avez-vous refusé ? »

D'abord le Crédit Communal n'était pas institué uniquement pour faire des prêts aux communes. (Voir art. 5 des statuts. Objet de la Société.)

Puis avec les difficultés financières qui écrasaient le pays tout entier, il n'était pas possible de prêter au-dessous du taux légal de 5 0/0, à moins de faire des émissions d'obligations à lots dans de bonnes conditions. Or, en présence des emprunts formidables contractés par l'État pour le rachat du sol occupé par les armées allemandes, était-il possible de tenter la moindre émission? Assurément non. Il fallait attendre des jours plus heureux, repousser toute demande d'emprunt par les communes et n'émettre aucune obligation.

Cette opinion qui m'est personnelle, je ne l'exprime pas aujourd'hui pour les besoins de ma cause : j'y ai toujours été fidèle ; c'est pourquoi, pendant tout le temps de ma gestion d'administrateur, j'ai constamment protesté, seul au conseil, contre toute émission d'obligations. Je le prouverai plus loin par la copie de nos délibérations.

Siége fictif à Genève. — Aucune opération en Suisse.

On nous reproche de n'avoir fait aucune opération en Suisse.

Mais alors on veut oublier que peu de temps après la constitution de la Société, la guerre est survenue, interrompant tout en Suisse comme en France.

Dès les premiers mois de 1872, je vais à Genève pour choisir trois administrateurs. Mais déjà la ville était profondément divisée au point de vue religieux. Bismarck continuait son œuvre commencée en France....

D'un autre côté, on voulait attendre le résultat du procès intenté par le groupe Caperon.

Je ne me tins pas pour rebuté. Je proposai au conseil d'abandonner momentanément l'idée d'adjoindre trois administrateurs Genevois, mais de constituer un comité de cinq membres choisis parmi la haute banque et le grand commerce de Genève, et de confier à ce comité le soin de recevoir, étudier et présenter les affaires concernant tous les cantons suisses, la Savoie et le Jura.

Mon idée fut accueillie et je l'eusse menée à bonne fin

sans les difficultés intérieures suscitées par Destrez, Caperon, Mayer, Robert et Ce.

Par ce qui précède, tous les hommes de bonne foi se rendront compte des difficultés que j'avais personnellement à vaincre et apprécieront si je puis, à un degré quelconque, être considéré comme le complice des hommes qui ont détruit le Crédit Communal dans un but d'intérêt personnel.

Encore un mot sur la dénomination qu'on se plait à donner au Crédit Communal. Peut-on dire qu'une affaire est chimérique parce qu'elle ne réussit pas à ses débuts? Mais alors on aurait pu aussi traiter de chimérique la grande institution du Crédit Foncier de France qui, après bien des difficultés inhérentes à toutes affaires, serait mort dans ses convulsions, si alors le gouvernement impérial n'était venu à son aide, en lui donnant un privilége d'émission d'obligations à lots, en dehors du droit commun et contrairement à la loi de 1867.

Rapport de l'expert Magnien.

J'arrive au rapport de l'expert Magnien qui a formulé, lui aussi, divers chefs d'accusation auxquels j'ai déjà répondu. Pour ne pas faire répétition, je me contente de relever deux choses : le chiffre de 19 millions d'obligations émises et l'appréciation qu'il fait de ma conduite.

On a fait grand bruit des 19 millions d'obligations émises sur le marché et on a taxé ce fait d'escroquerie.

Je suis bien à mon aise pour discuter cette question de chiffre, puisque j'ai toujours combattu les émissions d'obligations faites par mes collègues et toujours blâmé celles faites par les commissaires, qui n'avaient aucun droit, et par les administrateurs de la dernière heure; mais une telle discussion serait oiseuse.

J'accepte le chiffre de 178,000 obligations 3 0/0 émises

par divers, quitte à poser ensuite la question de responsabilité personnelle de chacun d'eux, ce qui me paraît juste.

Par suite des ventes successives, faites depuis plus d'un an, les obligations 3 0/0, d'une valeur nominale de 100 fr. et qui, en 1870, étaient cotées de 62 fr. 50 à 75 fr., sont tombées à 10, puis à 5, à 2.50, 2 et 1.50. La moyenne des douze derniers mois est de 2 fr.

Rachetées au cours moyen de 2 fr., ces 178,000 obligations nécessiteraient une dépense de 356,000 fr.

Puisque l'expert Magnien aime à faire des dissertations, il aurait pu faire remarquer qu'avec une somme de 350,000 fr. environ il était possible d'anéantir tout d'un coup son gros chiffre de 19 millions et, par suite, toutes les dettes sociales.

Ce que j'écris ici, je l'ai déjà dit à M. le juge d'instruction Cartier, qui me demandait ce que je pensais de la situation financière du Crédit Communal.

J'aborde la question personnelle :

Dans son rapport, l'expert Magnien, au lieu de se borner à relever des chiffres, à faire de la comptabilité, se permet de critiquer mes protestations contre le conseil (lui, du moins, les constate, c'est déjà quelque chose) ; mais ce qu'il y a de plus grave, c'est le motif honteux qu'il leur attribue de son chef et, pour empêcher toute équivoque, je prends la copie de mon avocat : « Son opposition au » conseil, contre Le Pelletier notamment, son dévouement » aux intérêts des actionnaires ne paraissent s'être mani» festés qu'en *juillet* 1872, alors que le mal était fait, alors » que Le Pelletier lui avait refusé une avance de 10 ou » 12,000 fr. »

L'expert Magnien n'est pas heureux dans son attaque inqualifiable, mais je me charge de le clouer au pilori avec des faits et des dates.

De quel droit l'expert Magnien se permet-il de scruter ma conscience, d'épiloguer mes actes, de leur attribuer un motif déshonorant, d'exercer une pression sur l'opinion publique et de commettre une fausse déclaration ? Ce n'est pas assurément dans la comptabilité ou les procès-verbaux du conseil qu'il a pu y trouver le fait qu'il m'implique. Ce n'est assurément qu'en tendant l'oreille à certains propos intéressés qu'il a pu recueillir un racontar dont il s'est empressé de faire une arme contre moi.

Est-ce le rôle d'un homme qui, par ses fonctions, devrait mériter la confiance du tribunal et qui le trompe sciemment?

Mais quel est donc le mauvais esprit qui a soufflé à l'oreille de l'expert Magnien tout le contraire de la vérité? car *c'est moi qui ai refusé les 12,000 fr. qui métaient proposés* pour le solde des études du canal de Pontoise, réclamé par M. l'ingénieur Courtines.

J'avais précédemment demandé cette somme au banquier Le Pelletier, et je me croyais d'autant plus autorisé à la lui adresser que j'avais mille actions du Crédit Communal déposées chez lui, et qui, à cette époque, étaient une garantie au delà suffisante. Le Pelletier me promettait toujours mais ne versait rien.

Quelques jours après l'assemblée du 18 avril et notre retour à Paris, vers le 10 ou 12 mai, M. Le Pelletier me proposa de régler mon affaire avec M. Courtines moyennant 15,000 fr. de valeurs, souscrites à lui Le Pelletier.

Je repoussai avec d'autant plus d'énergie cette proposition insidieuse que venant d'apprendre, le jour même, les ventes d'obligations 3 0/0 faites par Le Pelletier, contrairement à son traité, ainsi que le syndicat qu'il avait contracté sur ces obligations 3 0/0, avec plusieurs administrateurs du Crédit Communal, entre autres le baron Ezpeleta et M. Delaunoy, je n'aurais voulu à aucun prix aliéner ma liberté et vendre ma conscience.

L'offre de Le Pelletier et mon refus sont tellement vrais que M. Courtines, me rencontrant quelques jours après, me demanda pourquoi je ne voulais pas accepter la proposition de Le Pelletier. Depuis, M. Courtines m'a con-

confirmé par écrit sa déclaration verbale. Je tiens sa lettre à la disposition de tous ceux qui veulent la lire. Il en est une autre qui n'a pas été écrite pour les besoins de la cause, elle est ainsi formulée :

« Je conseille à M. de Mutrécy de se rendre immédiatement chez mon avoué, Me Roche, pour accepter la bienveillante proposition que lui a transmise M. Le Pelletier.

» *Signé :* COURTINES. »

Est-ce assez clair?

A tous égards l'expert Magnien n'a pas été heureux en sortant de son domaine!

Mais ce n'est pas la seule assertion erronée contenue dans son rapport.

Je me suis engagé à le clouer au pilori avec des dates et des faits. Je vais en faire un cordon qui lui servira de carcan. Ma besogne sera peut-être un peu longue, mais instructive à tous égards.

Complicité avec Caperon et Destrez.

Vous dites que je suis le complice de Caperon et de Destrez.

Le 10 *juillet* 1870, je reçois la visite de M. Clément, imprimeur, je le force à me révéler la tentative d'escroquerie de 180.000 fr. dont j'ai eu depuis la preuve écrite au crayon de la main de Caperon ; elle est ainsi conçue :

Carte à payer.

749.000 litres à 25 c	187.250 fr.	»
1.249.820 — à 10 c. 2	127.481	65
Ensemble	314.731 fr.	65

Cette « carte à payer » est écrite sur une fiche avec cette adresse :

BANQUE GÉNÉRALE D'ÉMISSION

6, rue du Dix-Décembre, 6.

A qui cette fiche a-t-elle été remise? à Destrez. — Comment me la suis-je procurée? sur la table même du directeur général qui la laissait traîner intentionnellement pour que tout le monde pût voir la somme de 314,731.65 à payer à Caperon pour la confection des titres. Or, le jour où je l'ai mise dans ma poche, j'ai eu la conviction que j'avais la preuve d'une grosse infamie.

Outre la déposition verbale de Clément, j'ai la copie de la déclaration que je lui ai demandée. Elle contient entre autres choses ceci :

« En outre, une facture portant la date du 1er mars a été » réclamée par M. Caperon avec des prix déterminés par » lui.

» La différence entre ces derniers prix et ceux de l'en» gagement passé entre M. Caperon, M. Guyot et moi a » été portée sur la facture dont il s'agit en avoir comme » provision sur fourniture de papiers pour une somme de » *cent quatre-vingt mille francs.* »

Je tiens ces pièces, dont une originale, l'autre copie certifiée, à la disposition de l'expert Magnien.

Après avoir obtenu la déclaration Clément je m'empresse d'en saisir M. le président, M. le duc de Bellune et le directeur général qui parait fort embarrassé.

Le 12 *juillet* 1870 le conseil « à l'unanimité, après déli» bération, autorise le directeur à faire toutes les pour» suites nécessaires dans les termes des lettres précédem» ment écrites et pour le confirmer judiciairement. »

L'expert Magnien doit voir déjà que je n'ai pas attendu jusqu'en juillet 1872, comme il l'affirme, pour protester contre les malversations. Il s'est trompé de deux ans seulement, mais peu lui importe pour tirer sa conclusion.

Procès-verbal du 23 juillet: 1870

« En raison du refus donné à M. le président du conseil » par MM. Perret et Ce, ainsi que par M. Paulin Caperon, de » rendre des comptes, le conseil d'administration autorise » à nouveau le directeur général à faire toutes les pour- » suites nécessaires. »

Procès-verbal du 14 août 1871:

« Le conseil exprime le désir que les comptes mention- » nés sous le titre Débiteurs divers soit l'objet d'un pro- » chain apurement auquel les circonstances n'ont pas » permis jusqu'à présent de procéder... »

Procès-verbal du 21 septembre 1871:

« Le conseil décide à l'unanimité que, conformément à » l'autorisation de l'assemblée générale des actionnires du » 26 août 1871, il sera procédé à l'apurement des comptes » débiteurs, notamment du compte Perret-Caperon. Et » comme il est déjà à la connaissance du conseil que des » articles faux figurent dans ce dernier compte, il décide » que tout coupon des actions de la Société, qui peuvent » se trouver entre les mains de la maison Perret et Ce » ou Caperon, sera refusé. »

Procès-verbal du 12 octobre 1871 :

« M. de Mutrécy aborde ensuite le compte Caperon, dont » on n'a pu jusqu'à présent obtenir la remise, et signale » au conseil que, sur une note que lui a communiquée » M. Destrez, et qui émanerait de la maison Perret-Caperon » et Ce, il a remarqué un compte de 600,000 fr., représentant » la vente de dix mille actions au prix de 410 francs cha- » cune. Or, jamais le conseil n'a autorisé à vendre les » actions au prix de 410 fr. M. Caperon doit le montant » intégral de la vente des actions. Or, il est de notoriété » publique (les livres de Caperon et surtout les récépissés » délivrés à divers acheteurs d'actions en feraient foi) que » M. Caperon a toujours vendu les actions de 490 à 500 fr.

» En prenant le chiffre de 490 fr., ce serait un écart de » 80 fr. par action, soit sur dix mille actions, 800,000 fr. » que ledit Caperon voudrait soustraire à la Société.

» En ajoutant les 180,000 francs du compte Clément, ce » serait un million environ dû par la maison Perret-» Caperon et Cᵉ au Crédit Communal.

» En présence d'une telle situation, le conseil d'admi-» nistration ne devrait-il pas intenter une nouvelle action » correctionnelle au sieur Caperon ? »

Ce langage est-il celui d'un complice de Caperon ? Et à quelle date est-il tenu ?

Savez-vous comment Destrez me répond dans cette séance du 12 octobre 1871 :

» *Le directeur* fait observer à M. de Mutrécy *qu'il n'y a* » *pas lieu d'introduire une action correctionnelle, mais simple-* » *ment civile,* et qu'en ce cas encore on se trouverait en » présence de difficultés et de détails sans fin.

» Malgré ma demande (pour copie le procès-verbal), le » conseil est d'avis de suspendre l'effet de la plainte dépo-» sée au parquet contre Caperon, en faisant des réserves » pour l'avenir... »

Où sont les complices de Caperon ?

Je continue. — Procès-verbal du 12 décembre 1871 :

« M. de Mutrécy expose au conseil que, depuis le mois » d'août 1871, l'apurement des comptes Caperon n'a été » suivi d'aucun effet ; que, dans l'intérêt des actionnaires » et pour sauvegarder la responsabilité du conseil d'admi-» nistration, il y aurait lieu de reprendre, dans le plus » bref délai, les poursuites contre Caperon : qu'il est cons-» tant que les 1,250 actions qui ont été restituées par » Barré, ainsi que l'a affirmé le directeur général, ne con-» cernent pas le compte Caperon ; que des propos diffa-» matoires ont été tenus sur les membres du conseil d'ad-» ministration par le sieur Caperon, en des endroits » publics; que la suspension des poursuites contre le sieur » Caperon, dans les circonstances présentes, a produit

» un double effet déplorable ; que le conseil d'administra-
» ne peut rester inactif...

» Par suite, M. de Mutrécy demande au conseil de » reprendre immédiatement les poursuites contre Ca- » peron.

» Après une longue discussion, à laquelle prennent part » tous les administrateurs, le conseil décide qu'en prin- » cipe les poursuites doivent être reprises sous un très » bref délai et que la plainte déposée au parquet sera, en » outre, accentuée dans le sens de la diffamation. »

Ma conduite est-elle ambiguë, est-elle celle d'un complice ?

Après cette délibération, que fait M. le duc de Bellune, président du conseil ? Rien.

Que fait le directeur général ? Rien.

Il promet toujours d'agir, mais en réalité ne fait qu'opposer une force d'inertie à toutes mes propositions.

Après ces divers extraits des pièces officielles, je crois que je n'ai pas besoin d'insister pour répondre à cette pensée de la prévention.

Quelques mots encore au sujet de Destrez.

J'ai déjà, en citant l'article 31 des statuts, montré toute l'omnipotence du directeur général. C'est lui qui dépose les statuts à Genève ; c'est lui qui traite avec Caperon ; c'est lui qui reçoit toutes les souscriptions, qui en dresse la liste, qui la fait déposer chez Me Wessel. C'est lui qui reçoit directement l'argent des mains de Caperon et qui remet au caissier, non pas l'intégralité des sommes par lui reçues, mais ce qui lui plait et juste de quoi assurer les besoins du service. C'est lui qui dirige toutes les discussions au conseil, où le président n'est rien ; c'est lui qui présente les affaires. En un mot, il est tout dans le Crédit Communal.

Entre les mains d'un autre homme, cette position autoritaire serait peut-être bonne ; mais, entre les mains de Destrez que j'observe, que j'étudie chaque jour, elle m'effraie.

Ce n'est pas un homme facile à saisir, car il est intelligent, habile, capable, rusé et surtout dissimulé, et, pour ne pas donner de prise contre lui, il ne parle pas.

Vis-à-vis de moi, chaque fois que j'aborde la question des comptes Caperon, il se met en colère, jure qu'il aura raison de lui; en un mot, joue la comédie. Au conseil, il cherche à démontrer que les poursuites contre Caperon n'aboutiront pas, mais fait espérer un bon résultat en agissant par la douceur, et il berne tout le monde.

J'avais de graves soupçons depuis un certain temps. Je voyais tous les jours le sieur Destrez avec des commis de Bourse ; je voyais chaque mois des garçons de recette présenter des bordereaux d'agents de change. J'étais effrayé.

Quand j'eus la preuve que Destrez était joueur, je crus de mon devoir de prévenir officieusement le président du conseil, et j'ajoutai que nous serions, au premier jour, probablement forcés d'intervenir vigoureusement, non pour sauvegarder Destrez, qui allait à une perte certaine, mais pour sauvegarder l'intérêt social.

Vers la fin de décembre 1871, j'insistai de nouveau auprès du duc de Bellune et le priai de prendre une détermination. Au lieu d'agir, comme je le lui demandais, il part pour Tours.

Délégué par le conseil, pour faire l'inventaire au 31 décembre, je découvre une prise d'obligations 3 0/0 faite à l'insu du conseil par Destrez dans la caisse des titres.

Je m'empresse de signaler ce fait, d'une gravité extrême, à M. le duc de Bellune, et lui écris en ces termes :

« Paris, 6 janvier 1872

» *A M. le duc* DE BELLUNE, *président du conseil d'administration du Crédit Communal.*

» Monsieur le Président,

» J'ai déjà appelé votre attention sur le fait grave de la prise d'un certain nombre d'obligations faite par le directeur général dans la caisse sociale.

» J'ai constaté qu'en 1871, M. Destrez avait pris ainsi :

» Obligations 3 0/0	2.700
» Depuis le 1er janvier 1872, M. Destrez, toujours à l'insu du conseil, s'est fait livrer par le caissier 2,600 obligations 3 0/0, ci	2.600
Soit à ce jour	5.300

» Cette prise d'obligations est grave à plus d'un titre. Elle compromet le directeur général plus qu'il ne pense et le crée débiteur d'une somme considérable.

» Elle compromet la Société, en augmentant son passif d'une façon inquiétante.

» En effet, ces 5,300 obligations constituent une dette de 530,000 fr. qui, ajoutés aux plusieurs millions dus par divers au compte actions, forment un gouffre qui s'élargit tous les jours.

» J'espérais que l'observation officieuse faite par moi à M. Destrez suffirait pour le déterminer à faire rentrer tout ou partie de ces obligations non vendues à ce jour. Malheureusement, il n'en est rien encore.

» En conséquence, je vous prie d'user de votre influence sur le directeur général pour faire opérer la rentrée des obligations non vendues et pour l'engager à ne plus prendre à l'avenir des titres sans autorisation du conseil.

» Ces titres sont vendus à vil prix, et l'on sait à la Bourse qu'ils sont livrés par le directeur général lui-même.

» Or, à la veille d'une souscription publique, ces ventes peuvent avoir des conséquences funestes. La plupart des acheteurs, j'en ai acquis la preuve, ne veulent pas se dessaisir ; ils attendent que les obligations vendues 10 fr. environ soient à 50 ou 60 fr. pour les revendre. Ce qui, dans cet ordre d'idée nécessiterait une somme de deux à trois cent mille francs pour faire le rachat total.

» Je n'ai pas encore révélé à MM. Uhrich, de Vaux et Delaunay les faits relatés dans cette lettre.

» Agréez, monsieur le président...

» DE MUTRÉCY. »

RÉPONSE DE M. LE DUC DE BELLUNE

« Paris, le 7 janvier 1872.

» Monsieur l'Administrateur,

» Les faits que vous voulez bien me signaler, dans votre lettre chargée du 6 courant, sont effectivement d'une gravité incontestable, s'ils sont prouvés et s'ils ne peuvent être expliqués. Je regrette que vous n'ayez pas cru devoir les communiquer, en même temps qu'à moi, à MM. le général Uhrich, baron de Vaux et Delaunoy. Mais il me semble qu'en tout cas, c'est au conseil tout entier qu'ils devraient être révélés officiellement par vous qui, ayant été délégué pour les formalités de l'inventaire, êtes en mesure, mieux que tout autre, d'éclairer les administrateurs.

» Agréez, mon cher collègue, l'assurance de mes sentiments bien distingués.

» DE BELLUNE. »

C'est à la suite de cette réponse étrange de M. le duc de Bellune que je pris la résolution de convoquer chez moi tous les membres du conseil d'administration, ainsi que M. Le Pelletier, banquier, avec qui nous étions déjà en relations d'affaires, pour appeler l'attention sur les vols d'obligations commis par Destrez et prendre une résolution énergique pour sauvegarder notre responsabilité et l'intérêt social.

Tous vinrent, à l'exception de M. de Bellune.

C'est alors que, d'un commun accord, une nouvelle réunion fut décidée chez M. le général Uhrich, vice-président du conseil. Cette fois, M. de Bellune se rendit à son invitation. Son attitude y fut tellement singulière, que tous les administrateurs lui lancèrent les plus vives apostrophes.

Contraint et forcé, il apposa sa signature sur une déclaration libellée par M. le baron de Vaux.

Cette déclaration a été déposée le jour même chez mon notaire, Me Segond, et elle y est encore, comme un dépôt officiel.

J'autorise l'expert Magnien à en prendre lecture et copie.

A la suite de tous ces faits, la colère de Destrez ne connut plus de bornes ; il alla jusqu'à me faire menacer, dans son cabinet, de me faire casser la tête, moi et tous les administrateurs, par son frère, Ernest Destrez, *un revolver à la main.*

Le calme dont je fis preuve en cette circonstance évita peut-être un crime ; Ernest Destrez, intimidé, remit son revolver dans sa poche.

Mais à partir de ce jour, connaissant le caractère des frères Destrez, je pris toutes mes précautions et ne sortis plus qu'armé.

A la suite de conférences secrètes que *j'avais provoquées*, la démission forcée de Destrez fut décidée par le conseil d'une façon absolue. Le retard apporté par le banquier Le Pelletier à la composition d'un nouveau conseil fit prolonger jusqu'au 18 avril l'existence administrative de Destrez.

J'avais fait comprendre à Destrez qu'il y avait toujours une épée suspendue sur sa tête, mais qu'il y avait peut-être un moyen de sortir de cette situation d'une gravité extrême — c'était de renoncer aux trois pour cent statutaires et de racheter par un moyen quelconque les obligations qu'il avait prises.

M. Le Pelletier, je dois le reconnaître, aida puissamment à faire accepter un compromis qui pouvait sauvegarder tous les intérêts.

Destrez se décida à la dernière heure, mais il se décida, comme on le voit, à la date du 15 avril.

Dans la séance du 15 avril 1872, le directeur général

» expose au conseil que dans l'intérêt de la Société du
» Crédit communal et en vue de son développement ulté-
» rieur, comme aussi pour alléger d'autant les frais consi-
» dérables de premier établissement, il entend renoncer
» aux trois pour cent que lui réservait l'art. 24 des statuts
» contre le payement d'une somme de 200,000 francs. Il
» soumet au conseil un projet en ce sens.

» Le conseil, après en avoir délibéré, approuve ledit
» traité qui restera déposé aux archives. »

Ainsi, c'est pour couvrir ses malversations que Destrez renonce à son droit statutaire de trois pour cent, et qu'il déclare, à l'assemblée générale du 18 avril, renoncer en outre à son droit de propriété sur le titre de Crédit Communal de France, Société française dont le titre est déposé chez Me du Boys, notaire, le tout en faveur de la Société suisse.

Qui le force à prendre cette détermination? Moi, tout d'abord.

Avant de terminer avec Destrez, je ne puis omettre de relater au moins les séances du conseil des 12, 14, 17 et 18 octobre 1871, au sujet des traités Le Pelletier.

La discussion de ces traités amena une scission complète entre le directeur général et moi-même. Elle provoqua la démission de Destrez comme directeur général et la mienne comme secrétaire général.

Procès-verbal du 17 octobre 1871 :

« Cette double démission est provoquée par l'attitude
» passive de M. Destrez qui a voulu faire approuver, sans
» aucun changement par le conseil, le traité Le Pelletier,
» et par les observations et *protestations de M. de Mutréry,*
» *qui a lutté pendant des journées entières contre M. Destrez*
» pour sauvegarder l'intérêt des actionnaires. »

Qu'en pense l'expert Magnien?

Ce fut en effet une lutte des plus vives que je soutins pendant plusieurs jours contre le directeur général et les membres du conseil pour sauvegarder l'intérêt social.

Le 21 octobre, le conseil refusa d'accepter nos démissions.

Mais de cette époque la défiance contre certains hommes entra dans mon esprit, et les faits ultérieurs ne firent malheureusement que le justifier.

Par suite de ce qui précède, peut-il rester un doute dans l'esprit de qui que ce soit de ma complicité avec l'ancien directeur du Crédit Communal ?

Démission de M. le duc de Bellune.

J'ai raconté plus haut ce qui s'était passé entre le duc de Bellune et moi au sujet de la prise d'obligations commise par Destrez. Il me reste à dire un mot au sujet de sa démission.

Quelques jours avant l'assemblée du 18 avril, M. Le Pelletier signifia au conseil les prétentions de son groupe : Suppression de la direction générale, décidée déjà en principe, conformément à la modification des statuts approuvés par tous les membres du conseil ; puis la position de président du conseil pour M. Genteur, ancien conseiller d'Etat.

M. le duc de Bellune, se voyant sacrifié, chercha à vendre sa position et, séance tenante, demanda 122,000 fr., puis 100,000, puis 80,000, enfin 40,000.

Le conseil, pour mettre fin à un tel marché au rabais, prit la résolution d'allouer en principe une indemnité de 25,000 fr. à M. de Bellune.

Dès le lendemain, 11 avril, M. le duc de Bellune, remplissant toujours les fonctions de président, se présenta dans mon cabinet en me disant qu'il venait toucher les 25,000 fr. alloués par le conseil.

« Une chose s'y oppose, lui dis-je. Il faut tout d'abord » que vous donniez au caissier mainlevée des oppositions » signifiées au directeur général. Puis, à la veille de l'as-

» semblée générale, il conviendrait peut-être de faire » ratifier la délibération du conseil par les actionnaires » réunis. »

Sur ce, M. de Bellune, se levant furieux, l'œil injecté de sang, sortit de mon cabinet et, au moment d'entrer dans celui de Destrez, me lança cette menace :

« Puisque c'est ainsi, je vous f... tous sur le c... »

Le 16 avril, il se présenta dans le cabinet du directeur où s'étaient réunis tous les administrateurs, annonça sa démission qu'il remit entre les mains du sieur Destrez, lui dit adieu et l'embrassa en l'appelant ***son cher ami.***

Ainsi, il n'est pas vrai que M. le duc de Bellune ait donné sa démission, comme il le dit dans sa déposition, ***parce que l'affaire allait mal.***

C'est lui qui a préparé le rapport du 18 avril avec MM. Le Pelletier, Piedferré et Destrez, et il y a travaillé jusqu'au dernier jour.

C'est le refus de l'allocation de 25,000 fr., par lui demandée, qui motiva seul sa démission.

Au surplus, comme il convient de ne laisser place à aucune équivoque, voici la copie du procès-verbal de la séance du 16 avril 1872 :

Procès-verbal de la séance du 16 avril 1872.

L'an mil huit cent soixante-douze, le 16 avril, se sont réunis M. le général Uhrich, faisant les fonctions de président, M. le baron de Vaux, M. Destrez, M. le comte de Mutrécy.

Le directeur général donne lecture au conseil d'administration d'une lettre accompagnée d'un factum, sous forme de note, par laquelle M. de Bellune donne sa démission motivée de président et de membre du conseil d'administration.

Le conseil, ouï les explications et les expressions indiquées que l'audition des documents ci-dessus suscite de la part de ses membres ;

Considérant que les diverses mesures auxquelles M. le duc de Bellune fait allusion, et dont s'offusque aujourd'hui seulement sa conscience, ont été prises toutes avec son approbation et la plupart sur son initiative et ses propositions motivées;

Qu'il en dénature, d'ailleurs, audacieusement et après coup, l'esprit, le but hautement avouables et l'incontestable utilité;

Que les mobiles qu'il prête insidieusement à la conduite et aux déterminations de ses collègues, délibérant sous sa présidence, sont calomnieux aussi bien que le jugement qu'il porte sur les hommes honorables dont l'entrée dans la Société doit être pour elle le gage d'une prochaine prospérité;

Attendu, en outre, que les motifs qu'il allègue à l'appui de sa démission sont mensongers au premier chef;

Qu'en effet, le dix avril dernier, M. de Bellune sollicitait du conseil, en échange de l'abandon de sa présidence, une somme de cent vingt-deux mille francs (122,000) bientôt réduite par lui-même à quarante mille francs (40,000) pour rémunération de ses services, travaux et notamment pour de prétendues démarches à la suite desquelles aurait été obtenue la cote, à la Bourse de Paris, des actions et obligations du Crédit Communal de France;

Que le conseil, écartant cette dernière énonciation comme non fondée en fait et, dans l'espèce, immorale de la part d'un administrateur de la Société, s'est décidé à offrir à M. de Bellune pour ses services ostensibles une gratification de vingt-cinq mille francs qu'il s'est empressé d'accepter;

Mais que le conseil ayant formellement refusé d'autoriser la remise de cette somme au bénéficiaire, avant qu'il eut apporté la mainlevée des oppositions frappées sur lui entre les mains du directeur général, M. de Bellune a demandé le surlendemain une rédaction nouvelle de la délibération ayant évidemment pour but de soustraire cet argent à ses créanciers et de rendre ainsi ses collègues complices d'une spoliation, ce que ceux-ci ont itérativement rejeté;

Que c'est seulement à la suite de ces déplorables incidents soulevés par lui que M. de Bellune a joint à l'abandon de sa présidence sa démission d'administrateur;

Que ce sont là les réels et honteux motifs de la retraite de M. de Bellune;

Le conseil, repoussant avec mépris les délations calomniatrices et les cyniques menaces de M. de Bellune, accepte à l'unanimité sa double démission de président et d'administrateur.

Pour copie conforme :

L'administrateur délégué,

Comte DE MUTRÉCY.

M. Delaunoy, administrateur, absent de Paris au moment de la réunion du conseil, s'est joint à ses collègues pour approuver complétement et en tous points leur délibération à l'égard de M. de Bellune.

C. DE M.

Complicité avec Le Pelletier.

Je répondrai à cette prévention comme à toutes les autres.

En quoi suis-je le complice de M. Le Pelletier? Quels sont les actes de ce banquier? En suivant l'ordre chronologique, j'énumère :

12 octobre 1871. — Propositions Le Pelletier.

Procès-verbal de délibération. — Séance du 12 octobre 1871.

« Le directeur général expose au conseil les démarches » qu'il a faites près de la maison Le Pelletier pour obtenir » son concours financier, et près de la maison Barré et Ce » pour l'obtention du compte Caperon, Perret et Ce.

» M. de Mutrécy demande la parole pour résumer les » propositions faites par M. Le Pelletier. Il fait observer » que le marché des obligations devrait être distinct de » celui des actions, et qu'avant de s'occuper de la question » des obligations 5 0/0, dont la garantie est le stock ou la » représentation des actions, il serait urgent et indispensable de constituer un syndicat-actions pour soutenir le » marché des actions et faciliter ainsi le placement des » obligations.

» M. de Mutrécy fait en outre observer que M. Le Pelletier a demandé au Crédit Communal son concours financier pour la création de l'*Union financière des départements*, » banque au capital de 5 millions dans laquelle le Crédit » Communal entrerait pour un million représenté par » quatre mille actions du Crédit Communal. M. Lepelletier

» semble avoir accepté comme souscription ces quatre » mille actions qui lui ont été déposées comme un report » de 250,000 fr. représentant le quart de la souscription du » Crédit Communal.

» M. Le Pelletier a-t-il l'intention de faire payer plus » tard une commission déterminée sur ce report? Ou bien, » considère-t-il ce report de titres du Crédit Communal » comme un service à lui rendu? Dans ce cas, il faudrait » le spécifier et ajouter que M. Le Pelletier ne pourra » vendre aucune des actions du Crédit Communal déposées » comme couverture, à moins que ces actions ne soient » cotées au pair de 500 fr.

» Il est indispensable, avant tout, que le conseil connaisse » les statuts de la banque l'*Union financière.* »

Dans la séance du 7 décembre, ***nouvelle interpellation*** de ma part au sujet du futur conseil de l'***Union financière***, où devaient figurer M. Genteur, M. de Plassmann, M. Huet, M. Fabry, M. Cère, M. Le Pelletier, et ne pouvant obtenir une réponse catégorique de M. Le Pelletier, je détermine le conseil à nommer deux délégués qui auront mission de s'entendre avec M. Genteur.

M. de Vaux et moi sommes nommés, et dès le lendemain nous nous présentons chez M. Genteur pour savoir si le groupe annoncé par M. Le Pelletier se trouvait derrière lui et s'il entrerait bientôt au conseil d'administration. Pressé par nous, M. Genteur restait sur la défensive, ne voulant prendre aucun engagement pour lui comme pour ses amis, mais il nous parlait de l'honorabilité de M. Le Pelletier en termes les plus vifs, les plus élogieux, en ajoutant qu'il avait la preuve de l'honnêteté la plus complète du banquier de la rue de Provence.

Cette déclaration fut par nous répétée au conseil. (Voir procès-verbaux des 25 novembre, 27 novembre et 7 décembre 1871).

16 octobre. -- Syndicat-actions avec Le Pelletier.

En vertu de ce traité, Le Pelletier devait fournir au

Crédit Communal les sommes nécessaires pour solder les frais généraux et, d'autre part, reconstituer le capital social par le rachat successif des titres.

Au sujet de ce syndicat (voir procès-verbal du 17 octobre 1871) :

« M. le baron de Vaux et M. Delaunoy font observer que » les conditions du syndicat sont onéreuses, ce qui n'est » pas contesté. Dans des circonstances ordinaires, ils les » repousseraient sans hésitation ; mais ils comprennent » qu'eu égard aux circonstances et dans l'intérêt même » des actionnaires, ce traité doit être accepté par les mem- » bres de l'ancien conseil. Sous ces réserves ils ne s'oppo- » sent pas à la ratification du traité en discussion. »

Si ce syndicat n'a pas produit les résultats espérés, on ne peut en faire un reproche au conseil, ni à moi-même par conséquent.

5 janvier 1872. — Plusieurs projets d'émission d'obligations 5 0/0 furent soumis au conseil, mais non suivis d'exécution.

28 janvier. — Proposition Le Pelletier : Appel de fonds de 100 fr. par action pour exécuter à vil prix un grand nombre d'actions et reconstituer ainsi le capital social.

A ce sujet, j'eus personnellement avec M. Le Pelletier de vives discussions en plein conseil et je dois à la vérité d'ajouter que M. le baron de Vaux soutint vivement ma thèse, « que nous n'avions pas le droit de dépouiller ainsi » les actionnaires qui, de leur argent, avaient aidé à cons- » tituer la Société ; que nous devions au contraire défendre » énergiquement leurs intérêts et les sauvegarder complè- » tement contre de pareils errements. »

Alors, mais alors seulement, Le Pelletier mit en avant l'idée de la transformation de la Société suisse en Société française pour laquelle transformation il fallait préalablement verser 100 fr. par action.

Mon langage, appuyé par le baron de Vaux, le 28 janvier 1872, était-il celui d'un complice ?

L'émission des obligations 3 0/0, ayant été abandonnée, le conseil d'administration passe à la date du 12 *février* 1872 un traité avec Le Pelletier pour une ouverture de crédit d'un million. Il convient d'en relater les articles principaux pour comprendre mes protestations ultérieures.

« Ce crédit doit avoir une durée d'un an (art. 1er).

» Art. 5. — *A titre de garantie*, le Crédit Communal » remettra à MM. Le Pelletier et Ce, dans les huit jours, » cinq mille obligations de 500 francs du Crédit Com- » munal.

» Art. 6. — Dans le cas où le présent crédit ne serait » pas éteint à la fin de la durée du traité, MM. Le Pelle- » tier et Ce auront le droit de faire vendre les obligations » 3 0/0 du Crédit Communal à eux donnés en garantie ; » et, jusqu'à due concurrence. »

Le 15 mars, je suis délégué par le conseil, avec pleins pouvoirs pour défendre la société devant le Tribunal de Genève, où Mayer, Robert et consorts viennent d'engager un procès.

Je pars le 16 *mars* pour Genève.

Le lendemain, 17 mars, à mon insu, MM. de Bellune, général Uhrich, baron de Vaux, Delaunoy et Destrez, modifient le traité du 12 février passé avec Le Pelletier et lui remettent 50,000 obligations de 100 fr. 3 0/0 à lots. Pourquoi une telle précipitation dans la remise de ces 50,000 obligations, alors que M. Le Pelletier ne pouvait justifier de l'ouverture de son crédit ?

Si j'avais été à Paris, j'eusse protesté énergiquement contre cette modification au traité.

Mais ce que je n'ai pu faire, absent, je n'y ai pas manqué en plusieurs circonstances, notamment dans la séance du 9 *juillet*, dont voici un extrait :

« Pour apprécier sainement la situation du Crédit Com- » munal avec la maison Le Pelletier, M. de Mutrécy » demande au président que les *comptes relatifs à l'ouver-*

» *ture de crédit* soient soumis au conseil avant la prochaine » séance.

» Il demande en outre que les 50,000 obligations 3 0/0, » qui ont été remises à la maison Le Pelletier, le 17 mars ; » en son absence, pour remplacer les 5,000 obligations » 5 0/0, non timbrées à cette époque, soient réintégrées » dans la caisse de la Société, à la charge par le Crédit » Communal d'exécuter les termes du traité du 12 février » 1872. »

Est-ce le langage d'un complice ?

Dans cette même séance, je copie encore :

« M. de Mutrécy fait remarquer au conseil l'omission » du numéro d'inscription de rentes sur le récépissé de la » maison Le Pelletier, constatant l'achat d'une rente de » 6,758 francs, au titre 3 0/0, et demande que cette omis- » sion soit réparée.

» Il demande en outre qu'il soit décidé en principe par » le conseil que toutes les rentes achetées pour le Crédit » Communal soient *nominatives.* »

Que décide le conseil d'administration ?

« Le conseil, ouï les observations de M. de Mutrécy, lui » en donne acte et passe à l'ordre du jour. »

Banque des Communes.

(Procès-verbaux des 11 avril, 9 et 12 juillet.)

Le 11 avril, M. Le Pelletier, reprenant en sous-œuvre son projet de l'*Union financière des départements* proposait au Crédit Communal la *Banque des Communes*, au capital de 10 millions, dont la moitié devant être souscrite par le Crédit Communal en obligations 3 0/0 au pair contre actions libérées.

Le conseil approuve en principe cette opération d'arbitrage, subordonnée à la nomination d'un conseil d'administration, à la souscription des 5 autres millions par un groupe de capitalistes, enfin au dépôt des statuts et à leur approbation par le conseil du Crédit Communal.

Dans la séance du 9 juillet :

« M. le baron de Ezpeleta pose la question de la ***Banque*** » ***des Communes*** et fait remarquer qu'un engagement, dont » l'échéance est prochaine, lie le Crédit Communal. et » demande l'avis du conseil d'administration.

Dans la séance du 12 juillet :

« M. Albert Huet demande qu'on écarte les questions » étrangères à celles portées à l'ordre du jour.

» La question de la création de la ***Banque des Communes*** » est mise en discussion.

» Le président fait connaître la mise en demeure par » M. Le Pelletier de remplir les engagements pris le 16 *avril* » dernier par le Crédit Communal.

» Le président propose de demander un sursis de trois » mois et par contre de donner des garanties à Le Pelle- » tier.

» Elles sont discutées par le conseil qui décide ***à l'una-*** » ***nanimité moins une voix, celle de M. de Mutrécy***, qu'il sera » remis ***quarante mille obligations*** 3 0/0 à M. Le Pelletier et » qu'il pourra disposer des titres, n'étant tenu qu'à resti- » tuer le pareil nombre d'obligations contre le versement » proportionnel au total du Crédit Communal à la ***Banque*** » ***des Communes.*** »

Après avoir refusé d'associer mon nom à un tel vote, voici ma protestation motivée, lue par moi en conseil dans la séance du 15 juillet après la lecture du procès-verbal du 12.

« Au sujet du procès-verbal du 12 juillet, M. de Mutrécy » a l'honneur de faire observer au conseil que des omis- » sions graves et des inexactitudes se sont produites au » sujet des engagements pris envers la maison Le Pelle- » tier, à propos de la création de la ***Banque des Communes.***

» Quels sont les engagements pris le 16 ***avril*** dernier? » On aurait dû en donner lecture au conseil qui n'en a

» nulle connaissance Qui a pris ces engagements au nom
» du conseil? J'ai le droit de le demander? Il faut une
» explication.

» D'autres points importants restent à expliquer: Quel
» est ou sera le capital social de la Banque des Communes?
» Comment et par qui sera-t-il formé?

» Le Crédit Communal ne peut conclure un engagement
» sans connaître les termes ni discuter les conditions
» vitales d'une Société à constituer.

» En ce qui concerne la garantie à fournir par le Crédit
» Communal dans la Banque des Communes pour la
» somme de un million, M. de Mutrécy maintient que
» cette garantie ne doit et ne peut être altérée jusqu'à la
» durée ou l'expiration du traité.

» Il supplie le conseil de revenir sur sa détermination
» qu'il considère comme une des plus dangereuses pour
» la Société.

» Si le conseil maintient sa décision de la garantie *libre*,
» il ne devrait pas, du moins, prendre pour base le taux
» fictif de 14 fr. auquel on a fait tomber les obligations
» par des ventes successives et pour les besoins de la
» cause, c'est-à-dire pour obtenir la remise d'un plus
» grand nombre de titres.

» En agissant ainsi, on favorise les intérêts de la maison
» Le Pelletier au détriment du Crédit Communal, et, pour
» rappeler le mot très juste d'un administrateur, on per-
» pétue la tutelle de la Société à la remorque de la maison
» Le Pelletier au lieu de donner la vie et l'essor au Crédit
» Communal.

» Si le conseil persiste, M. de Mutrécy demande cer-
» taines rectifications au procès-verbal de ce jour de son
» refus d'approbation dans les termes suivants :

» Considérant que la création de la Banque des Com-
» munes, à un capital indéterminé, et basée sur une remise
» faite par le Crédit Communal d'obligations 3 0/0 de
» cent francs à un certain prix, données en garantie *libre*

» à la maison Le Pelletier, est mauvaise et dangereuse » pour le Crédit Communal; qu'elle peut compromettre » ses finances par l'aliénation d'une partie de son capital-» obligations et, par suite, compromettre la responsabilité » des administrateurs.

» Par ces motifs, M. de Mutrécy tenant à dégager com-» plétement sa responsabilité personnelle, constate qu'il » n'a pas approuvé et qu'il n'approuve pas la création de » la Banque des Communes sur les bases spécifiées à la » délibération du 12 juillet. »

Cette proposition a été écartée par tout le conseil, comme l'expression violente d'un blâme à l'adresse d'un conseil, qui a demandé l'ordre du jour.

« M. de Mutrécy a alors insisté pour que le procès-verbal » du 12 juillet contînt la mention de son refus d'appro-» bation. »

C'est alors que ne pouvant refuser, on ajouta en marge du procès-verbal :

« *A l'unanimité, moins une voix, celle de M. de Mutrécy.* »

Je le demande à tous ceux qui apprécieront ces faits sans passion : Ma protestation est-elle celle d'un complice de Le Pelletier? Est-elle celle d'un administrateur soucieux de ses devoirs? Avais-je le droit de déserter mon poste dans de pareils moments? Ne devais-je pas lutter jusqu'au bout pour défendre les intérêts de la Société?

Après l'exhibition de ces procès-verbaux et leur publicité tardive, l'expert Magnien osera-t-il persister dans son blâme?

Mines de soufre en Italie.

(Procès-verbaux des 14 juin, 17 juin, 15 juillet 1872.

Depuis longtemps, M. Le Pelletier, co-propriétaire d'une mine de soufre en Italie, cherchait à constituer une Société pour son exploitation.

Dans les premiers jours de juin, il propose cette affaire au Crédit Communal en la présentant sous l'aspect le plus avantageux.

Le conseil du Crédit Communal, fasciné par les bénéfices aléatoires de cette mine, décide, en principe, l'adoption de cette affaire, à la charge par M. Huet, délégué au contentieux, d'examiner toutes choses et de faire un rapport au conseil.

Ce rapport ne fut jamais présenté.

Je demandai dans une note écrite :

1° Les titres de propriété ;

2° L'état d'avancement des travaux ;

3° Le rapport de l'ingénieur chargé des travaux primitifs ;

4° L'envoi d'un ingénieur des mines pour vérifier les travaux de la mine ;

5° Un rapport sur l'évaluation des dépenses et sur les probabilités de production et de vente.

Je n'obtins jamais satisfaction.

« M. Huet déclare au conseil *qu'il a examiné toutes les » pièces concernant la concession, que tout est régulier, complet, » et qu'enfin* rien ne s'oppose à la conclusion de l'affaire. »

Le 11 juin, on désigne MM. d'Ezpeleta, de Vaux et Delaunoy pour faire partie du conseil d'administration des soufres.

Le 17 juin, M. Le Pelletier demande le dépôt de 25,000 obligations 3 0/0 pour amener la conclusion de cette affaire.

Le 15 juillet, M. Delair de la Brosse, directeur de la future Société des Soufres, demanda la remise immédiate de 35,000 obligations 3 0/0 du Crédit Communal.

M. Huet (15 juillet), délégué au contentieux, fut spécialement chargé par le conseil de vérifier la régularité des conditions du contrat avec M. Delair.

Que se passa-t-il depuis? je l'ignore, le conseil n'ayant jamais plus été saisi des négociations de cette affaire. Le projet de traité ou le traité lui-même n'a jamais été soumis au conseil, pas plus que sa ratification. Les procès-verbaux, rédigés alors par M. Huet, restent muets à cet égard.

Seulement, M. Le Pelletier se fait délivrer par le caissier 35,000 obligations de 100 3 0/0 qui, au pair, représentent 3,500,000 fr. Quant à ce fait, il est malheureusement trop vrai. Qui a autorisé cette remise considérable d'obligations? Est-ce M. Huet? Est-ce M. de Ezpeleta? Je ne l'ai jamais su.

Mais, dans tous les cas, on ne saurait me rendre responsable d'un traité que je n'ai pas approuvé.

Bacs à vapeur de Bordeaux.

(Procès-verbaux des 28 décembre 1871, 12 février et 9 juillet 1872.)

En faisant une ouverture de crédit de un million au Crédit Communal, M. Le Pelletier avait imposé la prise d'actions des Bacs à vapeur pour une somme de 250,000 et celle de 500,000 fr. affectés à un syndicat actions pour le rachat des titres. Or, ce syndicat, n'ayant jamais fonctionné en réalité, l'ouverture de crédit s'est trouvée réduite à 250,000 fr.

Cette somme de 250,000, qui devait non-seulement assurer l'existence de la Société des Bacs, mais lui donner la prospérité dont aurait profité le Crédit Communal, était épuisée. Etait-elle même entrée dans la caisse sociale des Bacs? Je ne sais.

« Quoi qu'il en soit, le 9 juillet, M. le baron de Ezpeleta, » président, donne lecture au conseil d'une lettre de » M. Ruiz, directeur des Bacs à vapeur, posant comme une » nécessité l'augmentation du capital social de cette Com- » pagnie pour l'obtention de l'admission de ses titres à la » Bourse et sollicitant à cet effet le concours du Crédit Com- » munal. »

Le conseil allait voter séance tenante lorsque je demandai la parole pour faire des observations sur la position des Bacs et présentai une note d'objections qui sera soumise à M. Ruiz.

« Le conseil décide que cette note sera soumise à » M. Ruiz invité à y répondre; puis, que M. Le Pelletier » devra formuler une proposition financière. »

Ma note, composée de 12 articles, demandait :

1º La situation financière de la Société des Bacs avant le versement de 319,000 fr. effectué par le Crédit Communal (au lieu de 250,000 fr. autorisés) ;

2º La situation actuelle depuis ce versement, le tout certifié conforme aux écritures par le directeur des Bacs et le président de son conseil.

Malgré mes réclamations verbales et écrites, M. Ruiz n'a jamais répondu à ces deux premières demandes, qui étaient élémentaires et primordiales. Jamais le conseil n'a pu connaître la situation vraie des Bacs.

Malheureusement, mes objections vraies, sérieuses, basées sur des faits graves, indiscutables ne purent modifier les idées arrêtées du conseil qui, après un *rapport favorable de M. le baron Tharreau* « autorise le président à » traiter avec la Société des Bacs dans les termes des pro- » positions de son directeur à condition que MM. Le Pel- » letier et Cie s'engageront à prendre lieu et place du » Crédit Communal dans le cas où la cote ne serait pas » accordée aux titres des Bacs de Bordeaux. »

De tels faits n'ont pas besoin de commentaires. En protestant encore contre la demande de MM. Ruiz et Le Pelletier, peut-on me considérer comme leur complice ?

Compte de la maison Le Pelletier.

Depuis le mois de février 1872, je demandais au conseil, mais toujours vainement, les comptes de Le Pelletier. Le 15 *juillet* seulement, ces comptes sont déposés.

« Le même jour le conseil délègue MM. Tharreau et de » Mutrécy pour faire un rapport sur les comptes de la » maison Le Pelletier. »

Je me mets immédiatement à l'œuvre et rédige une série de nombreuses observations.

Quelques jours après, M. le baron Tharreau me prie de lui communiquer mon travail que je remets avec tout le dossier.

Je n'ai jamais revu ni mon rapport ni le dossier. M. Tharreau a prétendu qu'on les lui avait pris. Ce n'est pas moi, assurément.

Emprunt de la commune de Monteleone.

(Procès-verbaux des 15, 19 et 23 juillet 1872)

Dans la séance du 15 juillet, le président dépose la demande de M. Thomas d'Agio au sujet d'un emprunt de 50,000 fr. pour la commune de Monteleone.

« Une commission, composée de MM. de Vaux, de Mu- » trécy et Huet, est nommée pour examiner la proposition » et faire un rapport. »

Dans un rapport longuement motivé, dont j'ai conservé la copie, je rappelle les conditions d'emprunts communaux que le conseil semble ignorer et je conclus au rejet de la demande (19 juillet).

Ce qui n'empêche pas le conseil, dans cette *même* séance du 19 juillet, d'accueillir favorablement la proposition de M. Thomas d'Agio.

« Séance du 23 juillet. — M. de Mutrécy demande la » parole sur le procès-verbal du 19 juillet.

» Il fait observer au conseil qu'il n'a pas approuvé le » prêt de 50,000 fr. demandé par M. Thomas d'Agio pour » la commune de Monteleone.

» Au sujet de M. Thomas d'Agio, il demande que ce » dernier soit tenu d'exécuter les termes de son contrat » passé avec le Crédit Communal, notamment en ce qui

» concerne le dépôt des obligations sans intérêts, dans » une banque honorable de Naples. Il demande enfin que » dépôt de ce contrat soit fait aux archives, afin que » MM. les administrateurs puissent en prendre connais- » sance au besoin. »

Ainsi, dans toutes ces diverses affaires proposées, je ne me préoccupe que d'une chose, de l'intérêt social.

Dernier traité avec la maison Le Pelletier.

(Procès-verbaux des 19 et 23 juillet)

Dans la séance du 9 juillet, j'avais demandé la réintégration, dans la Caisse du Crédit Communal, des 50,000 obligations 3 0/0, remises à Le Pelletier en garantie de son ouverture de crédit d'un million.

J'avais, pour cela, deux motifs des plus sérieux. Le crédit d'un million était chimérique. D'autre part, Le Pelletier avait vendu totalité ou partie des 50,000 obligations, qu'aux termes du traité, que j'ai cité plus haut (art. 6), il ne pouvait vendre qu'avant le 12 février 1873, en cas de remboursement de son crédit.

Enfin, je voulais mettre un terme à un fait scandaleux, c'est-à-dire au syndicat fait par Le Pelletier sur les obligations 3 0/0 avec plusieurs administrateurs du Crédit Communal, M. le baron de Ezpeleta et M. Delaunoy (1).

Il y avait d'autant plus urgence de mettre un terme à ce syndicat occulte, que, par suite de ce malheureux syndicat, dont le public d'abord, puis M. d'Ezpeleta lui-même, m'avaient révélé l'existence, le cours des obligations allait tous les jours en s'avilissant (de 30 fr. elles étaient tombées à 10 et à 8 fr.).

En présence de mes protestations énergiques, M. Huet

(1) Voici ce que Destrez écrivait à la fin d'avril 1872, à l'employé du Crédit Communal, à Genève :

« ... Que Delaunoy ne fasse pas le méchant ; j'ai en mains la preuve qu'il a tripoté dans les obligations. »

fut chargé par Le Pelletier de trouver le moyen de modifier les termes du traité du 12 février 1872. Tout naturellement, il se dit : « Ce que l'ancien conseil a fait précédemment, le conseil nouveau peut le défaire ; il suffit pour cela de prendre une délibération ; c'est l'enfance de l'art administratif... » Ce qui fut résolu.

En conséquence, le 19 *juillet, M. Huet présenta* ex abrupto *et à la dernière heure, six heures et demie du soir,* au général Uhrich, faisant fonctions de président, *un projet de traité* pour modifier celui du 12 février passé avec la maison Le Pelletier ; *lequel projet, malgré mes protestations les plus vives, fut lu, approuvé et voté à l'unanimité, séance tenante, par M. le général Uhrich, M. le baron Tharreau, M. Delaunoy, M. le baron de Vaux et M Albert Huet.*

J'avais déclaré m'abstenir.

« Dans la séance du 23 *juillet*, après des *considérants lon-
» guement motivés*, M. de Mutrécy désapprouve le nouveau
» traité Le Pelletier, et, pour dégager sa responsabilité
» personnelle, demande au conseil de vouloir bien insérer
» ses observations au procès-verbal.

» M. Albert Huet demande à passer à l'ordre du jour. »

J'ai cru devoir entrer dans certains détails et relater quelques-uns des procès-verbaux du conseil pour démontrer le mobile honorable qui a présidé à toutes mes protestations.

Et aujourd'hui encore, je soutiens que c'était non-seulement mon droit, mais mon devoir.

Si l'expert Magnien ne partage pas mon avis, j'en suis fâché pour lui.

Émission d'obligations. — Responsabilité individuelle.

Par tout ce qui précède, on a donc la preuve que je me suis opposé à toutes les émissions d'obligations qui ont été faites.

Je ne puis en être responsable à aucun degré.

Mais, dit l'expert Magnien, il a été émis 178,000 obligations 3 0/0.

C'est possible. J'ignore ce qu'ont fait les commissaires et les administrateurs de la dernière heure.

Dans tous les cas, c'est à ceux qui ont fait les émissions à encourir toute la responsabilité de leurs actes.

Ai-je pu conjurer les événements politiques qui ont accumulé tant de ruines sur notre pays et pesé d'un si grand poids sur le Crédit Communal ?

Je n'ai pu que réagir contre l'absolutisme de l'ancien directeur et signaler ses malversations ; je n'ai pu que protester vainement contre certains actes du conseil d'administration qui m'ont paru compromettre les intérêts de la Société. A bout de forces, j'ai résigné mes fonctions entre les mains des actionnaires, le 8 octobre 1872, après m'être refusé à reconnaître l'autorité anti-statutaire de M. Huet, la nymphe Egérie de la rue de Provence (nommé président par 3 voix), et en m'abstenant depuis le 15 septembre d'aller à l'administration.

C'est moi seul, parmi tous les administrateurs, qui ai protesté contre les émissions d'obligations, et c'est moi seul qu'on poursuit, et qu'on condamne !

Est-ce parce que je suis le moindre du conseil ?

Mais à côté de moi, il y avait de savants jurisconsultes, un ancien conseiller d'Etat, un ancien procureur général, un ancien juge d'instruction de Paris, un ancien secrétaire d'ambassade, un ancien général de division, trois anciens préfets, deux anciens sous-préfets, un ancien banquier.

Est-ce parce qu'ils se nomment :

M. le duc de Bellune,

M. le général Uhrich,

M. Genteur,

M. Albert Huet,

M. Paul Cère,

M. Mercier,

M. de Plassman,

M. le baron de Vaux,

M. le commandant Delaunoy,

M. le baron Tharreau,

M. le baron de Ezpeleta,

M. de Fontbrune,

Qu'on ne les a pas mis au banc des prévenus ?

Sont-ils moins coupables que moi ?

Ont-ils, comme moi, protesté contre les émissions d'obligations ?

Mais il y en a d'autres qui ont jeté, à vil prix, sur le marché, les obligations 3 0/0 de la Société, ce sont les trois commissaires chargés de faire un rapport sur l'état de la Société et qui n'ont rien présenté du tout, ce sont :

M. Demange, banquier,

M. Mayer, changeur,

M. Piedferré, comptable.

Il y en a d'autres encore, ce sont les administrateurs de la dernière heure, les amis de Paulin Caperon qui ne sont entrés au conseil que par lui et que pour lui, ce sont :

M. le docteur Bernier,

M. Barré,

M. Fleschelle,

M. le colonel Bousson,

M. Daniel de Ezpeleta,

M. Emile-Robert Coutel.

Tous ont émis des obligations, sauf M. Genteur, M. Lepelletier et moi ; quelques-uns ont reçu des jetons de présence.

Pourquoi ne les a-t-on pas poursuivis ? Est-ce qu'ils n'ont pas commis une infraction à la loi de 1867 qu'on invoque ?

Je pourrais discuter cette loi sur les Sociétés et prouver qu'on ne peut assimiler à des billets de loterie des obligations portant un intérêt minimum de trois pour cent, mais le moment n'est pas opportun ; puis, pour citer l'opinion de

---

(1) M. Le Pelletier a, en effet, reçu et vendu des obligations, mais il n'en a pas émis.

nos plus savants juriconsultes, il me faudrait un volume.

J'ajouterai encore :

Est-ce pour sauvegarder l'intérêt social qu'on a arrêté, sur la plainte de 3 actionnaires ou obligataires, MM. Caperon, Destrez et Lepelletier ?

Ou bien est-ce simplement pour infraction à la loi sur les Sociétés ? Je dois supposer que c'est pour les deux motifs, puisque la prévention les mentionne.

Eh bien ! Quelle était la situation des inculpés au moment de mon arrestation préventive, c'est-à-dire au 14 août ?

Caperon, mis en liberté sous la caution infime de 300,000 francs, s'était empressé de se réfugier en Amérique avec ses millions.

Destrez, mis en liberté sous une caution dérisoire, s'était enfui en Angleterre après avoir fait de nouvelles dupes.

C'était de notoriété publique.

Mais, dès le principe, le jour même de leur arrestation, qui a été faite surtout pour sauvegarder les intérêts compromis des actionnaires, on a dû mettre les scellés sur les fameux coffre-forts de Paulin Caperon ? C'était en effet la première chose à faire. Pourquoi les a-t-on levés et permis ainsi à Caperon d'emporter les millions qu'il devait, c'est-à-dire le gage des actionnaires ?

La garantie des actionnaires était-elle sauvegardée ? Qui pourrait me renseigner à ce sujet.

Résumé.

Je me résume :

Ai-je été le complice de Destrez ? Non.

Ai-je été celui de Caperon ? Non.

Ai-je été celui de Le Pelletier ? Non.

Me suis-je empressé de signaler les malversations commises ? Oui.

En ai-je commis une seule ? Non.

Ai-je protesté contre toutes les émissions d'obligations faites par les administrateurs? Oui.

Ai-je fait tout ce qu'il était possible pour sauvegarder l'intérêt social qui m'était confiée?

Je n'hésite pas à répondre affirmativement.

Alors pourquoi ai-je été, seul parmi tous, poursuivi, arrêté, condamné?

J'ai beau mettre mon esprit à la torture pour comprendre le motif qui a fait écarter du banc de la police correctionnelle tous les administrateurs et commissaires, pour m'y placer seul, je n'y puis parvenir.

MM. les juges ne se déjugent jamais, m'a-t-on dit. C'est pour cela que, cédant aux conseils de tous mes amis, je n'ai pas fait appel du jugement qui m'a frappé. Mais, fort de mon innocence, les poches pleines de pièces justificatives, je crois que j'ai le droit de faire appel à l'opinion publique.

Aussi, c'est à elle seule que je m'adresse pour ma complète réhabilitation.

M. Cartier, chargé de l'instruction de l'affaire, me disait en janvier ou février dernier, à propos des listes de souscription : « Ce qu'on vous reproche est très grave, et s'il » n'y avait pas prescription, je vous ferais arrêter... »

Ce qui ne l'a pas empêché plus tard, le 14 août, vers huit heures du matin, de me faire appréhender, très poliment, du reste, par un agent muni de sa signature et ayant ordre de me conduire dans un endroit très particulier, qu'on nomme : le Dépôt !...

Il est certain qu'armé d'un pouvoir discrétionnaire, M. Cartier aurait pu me faire arrêter en même temps que Destrez, Caperon, Le Pelletier et Perret. Il ne s'y est décidé qu'au mois d'août.

Je ne puis que le remercier d'avoir agi avec tant de bienveillance, car en me laissant ma liberté, depuis janvier jusqu'au 14 août, il m'a permis de travailler en toute liberté. J'en ai profité pour faire une nouvelle machine dont j'entretiendrai prochainement le public, et j'ai eu le temps (tout juste) de déposer mon brevet d'invention tant en France qu'à l'étranger.

Je serais donc bien ingrat si je ne lui en témoignais pas ici mes sentiments de reconnaissance.

Pour terminer, une petite digression.

Vous avez travaillé pendant trente ans ;

Vous poursuivez vos travaux et vos rêves, en plein soleil, la tête haute, l'esprit tranquille ;

Vous avez un mobile honorable ;

Vous le poursuivez énergiquement *per fas et nefas* ;

Vous avez toujours cherché à vous rendre utile à votre pays ;

Vous avez obligé tous ceux que vous avez pu ;

Un certain nombre de personnes ont pour vous de la considération, de l'amitié ;

Quelques-uns parmi les sceptiques peuvent vous traiter de... rêveur ; mais qu'importe ! vous ne faites de mal à personne ;

Fort de votre conscience, vous allez tout droit ;

Animé d'une foi profonde, vous poursuivez votre but énergiquement ;

Un jour vous êtes piqué par une mouche venimeuse qui vous noircit et vous empoisonne. Vous souffrez horriblement, et si vous n'en mourrez pas, c'est que vous êtes robuste ;

Comme je ne connais pas votre constitution physique, permettez-moi de vous donner un conseil : « Prenez garde aux mouches venimeuses, et, au besoin, écrasez-les. »

DE MUTRÉCY

Paris — Imprimerie CH. SCHILLER, 10, rue du Faubourg-Montmartre.

www.ingramcontent.com/pod-product-compliance
Lightning Source LLC
LaVergne TN
LVHW050215180726
843501LV00012BA/1760

* 9 7 8 2 3 2 9 6 7 2 0 1 4 *